मैं बाल हूँ

कविताओं में बालों की समस्याएं और समाधान

डॉ मुकेश अग्रवाल

notionpress.com

अनुक्रम

भाग 6: प्रेरणा और आत्मविश्वास (83-92)

भाग 7: बालों से जुड़ी प्रेरणादायक कविताएं (94-101)

भाग 8: VHCA की अद्भुत यात्रा (102-108)

मन की बात

प्रिय पाठकगण,
सादर नमस्कार!

काव्य मानव मन की गहराइयों से उपजा वह अमृत है, जो शब्दों के माध्यम से हमारी भावनाओं को संप्रेषित करता है। "मैं बाल हूँ: कविताओं में बालों की समस्याएं और समाधान" एक ऐसा ही प्रयास है, जो न केवल बालों की समस्याओं को रचनात्मक ढंग से प्रस्तुत करता है, बल्कि उनके समाधान का मार्ग भी दिखाता है।

इस संग्रह को लिखने की प्रेरणा मुझे **VHCA** हेयर क्लिनिक की वर्षों की यात्रा से मिली, जहां हजारों लोग अपने बालों से जुड़ी समस्याओं को लेकर आए और समाधान पाकर आत्मविश्वास से परिपूर्ण हो गए। यह अनुभव केवल उपचार का नहीं, बल्कि मानवीय भावनाओं, संघर्षों और समाधान की कहानी का भी रहा।

इस पुस्तक को आठ भागों में बांटा गया है, जो क्रमशः बालों की समस्याओं का परिचय, उनका विज्ञान, आधुनिक और पारंपरिक समाधान, तथा प्रेरणादायक कहानियों और कविताओं के माध्यम से एक संपूर्ण दृष्टिकोण प्रदान करते हैं। हर कविता केवल बालों से जुड़ी समस्या का बिंब नहीं है, बल्कि वह मनुष्य के अंदर छिपी आशा, आत्मविश्वास और सकारात्मकता का भी प्रतीक है।

"केश-काव्य" में आप पाएंगे कि बाल केवल सौंदर्य का प्रतीक नहीं, बल्कि हमारे आत्मसम्मान, पहचान और जीवनशैली का भी अभिन्न हिस्सा हैं।

यह पुस्तक आपको बालों की देखभाल और उनके प्रति सही दृष्टिकोण अपनाने के लिए प्रेरित करेगी। साथ ही, यह आयुर्वेद, विज्ञान और आधुनिक चिकित्सा के उस संगम को दर्शाती है, जो VHCA हेयर क्लिनिक की मूल पहचान है।

मैं इस अवसर पर अपने परिवार, **VHCA** टीम, और मेरे सहयोगियों विशेष रूप से विक्रांत तावेसकर का आभार व्यक्त करता हूं, जिन्होंने इस संग्रह को साकार करने में मेरा साथ दिया। विशेष रूप से मैं अपने पाठकों का धन्यवाद करना चाहता हूं, जिनकी जिज्ञासा और समस्याओं ने मुझे इस दिशा में लिखने के लिए प्रेरित किया।

आइए, इस काव्य संग्रह के माध्यम से हम बालों की समस्याओं को न केवल समझें, बल्कि उनके समाधान की दिशा में भी कदम बढ़ाएं। मुझे विश्वास है कि यह पुस्तक न केवल आपकी समस्याओं का उत्तर बनेगी, बल्कि आपको प्रेरणा और आत्मबल से भी भर देगी।

आशा करता हूं, यह काव्य संग्रह आपको पसंद आएगा और बालों की देखभाल के प्रति आपके दृष्टिकोण को नई दिशा देगा।

आभार सहित,
डॉ. मुकेश अग्रवाल

भाग 1
बालों की आम समस्याएं

मैं बाल हूँ - मेरी दास्तां, मेरी ज़ुबानी

मैं इंसान के व्यक्तित्व का एक ख़ास निशान हूँ
कभी आन कभी बान कभी उस की शान हूँ

मेरे होने या ना होने का बहुत असर सुंदरता पर
कभी सफेद कभी भूरा और कभी मैं श्याम हूँ

मेरे भीतर प्राण नहीं है ये हर इंसान को पता
कभी जान कभी ईमान कभी उसकी पहचान हूँ

देखे तुम ने मेरे होंगे भिन्न-भिन्न रूप बहारों से
कभी सीधे कभी घुंघराले कभी उलझा जंजाल हूँ

गीतकार और कलमकार करते मुझे बेहद पसंद
कभी कविता कभी गजल कभी मैं दास्तान हूँ

उम्र के भिन्न पड़ावों को मेरे जरिए जाना जाए
कभी बचपन कभी जवानी कभी मैं ढलान हूँ

बहुत सी उपमा मिली जाने क्या-क्या कहते लोग
कभी बादल कभी नागिन कभी पेड़ की छाँव हूँ

सुंदरियां मुझको सज़ाएं अलग-अलग अंदाज में
कभी जूड़ा कभी चोटी कभी लटकती तान हूँ

फूल मुझ में उलझने को अक्सर तरसा करते हैं
कभी कली कभी गजरा कभी उनका श्रृंगार हूँ

मेरा एक जीवन चक्र तीन चरण जिस में आते
पहला एनाजेन फिर कैटाजन अंत में टेलोजान हूँ

केराटिन प्रोटीन से बनता तीन परतें है मेरी
ऊपर क्यूटिकल बीच में कोर्टेक्स अंदर मेडुला हूँ

जिनके सिर पर बाल नही उनके लिये उम्मीद हूँ मैं
कभी पैच कभी विग और कभी मैं ट्रांसप्लांट हूँ ।

झड़ते बालों का दर्द

हर सुबह, बिखरे हुए तंतु,
तकिये पर, कंघी में,
जैसे एक सन्नाटा कहता हो –
"हम थक गए हैं।"

यह टूटन, केवल बालों की नहीं,
यह आत्मविश्वास की है,
यह सपनों की है,
जो आईने में बिखर जाते हैं।

क्या गलती थी इनकी?
क्या मौसम ने छोड़ा इन्हें?
क्या तनाव ने जकड़ लिया?
या फिर पोषण की कमी ने,
धीरे-धीरे लील लिया इन्हें?

झड़ते बाल, केवल गिरते तंतु नहीं,
यह टूटती उम्मीदें हैं।
हर गिरता बाल,
जैसे कोई अधूरी कहानी कहता है।
कहानी संघर्ष की,
कहानी उपेक्षा की,
कहानी खोते संतुलन की।

हर कंघी की खिंच में,
हर सिर की मालिश में,
हर तेल की बूंद में,
ढूंढते हैं हम एक उपाय,
जो थाम सके इस टूटन को।

पर यह केवल बाहरी उपाय नहीं,
यह भीतर की सच्चाई का संवाद है।
तन और मन की संगति का,
संयम और स्नेह का।

आओ, सुनें इस दर्द को,
सुलझाएं इसकी उलझन।
झड़ते बालों की यह गाथा,
एक नई शुरुआत का आह्वान है।
जहां बाल नहीं टूटेंगे,
और उम्मीदें फिर से जुड़ेंगी।

रूसी का प्रभाव

सिर की त्वचा पर जमी सफेद परत,
जैसे किसी पर्वत की चोटी पर ठहरी बर्फ।
पर यह ठंडक नहीं लाती,
यह बेचैनी,
यह झिझक,
यह असहजता की परत बन जाती है।

हर कंघी की चाल में गिरते कण,
जैसे कोई अनकही बात बिखर रही हो।
यह रूसी नहीं,
यह अनदेखी का परिणाम है,
यह भीतर का संतुलन बिगड़ने का संकेत है।

क्या यह तनाव की आवाज है?
या फिर अधूरी देखभाल का परिणाम?
शरीर का संवाद है यह,
जो सूखी त्वचा की भाषा में बोलता है।

बालों के इस आकाश पर जमी बर्फ,
धीरे-धीरे उनकी चमक को ढक देती है।
सिर की सतह पर यह सफेदी,
केवल बाहरी दाग नहीं,
भीतर की कहानी है,
जो पोषण स्वच्छता और की मांग करती है।

रूसी का प्रभाव केवल बालों पर नहीं,
यह आत्मविश्वास पर है।
यह काले कपड़ों पर सफेद निशान नहीं,
यह मन पर पड़े प्रश्नचिह्न हैं।

आओ, समझें इसकी सच्चाई।
प्रकृति का सहारा लें,
जड़ी-बूटियों की शक्ति पहचानें।
त्वचा का सम्मान करें,
स्वास्थ्य का संतुलन बनाएं।

इस बर्फ को पिघलने दें,
चमकते बालों पर वह धूप लाएं,
जहां रूसी का कोई स्थान न हो,
और हर तंतु गर्व से सिर उठाए।

ऑयली बालों की उलझन

चमक, जो दिखती है ऊपर से,
पर भीतर एक बोझ है।
ये बाल, जो बहते तेल में डूबे हैं,
जैसे किसी जाल में फंसे हों।

हर धुलाई के बाद भी,
चिपचिपाहट लौट आती है,
जैसे कोई अधूरी गाथा,
जो बार-बार दोहराई जाती है।

क्या यह त्वचा की पुकार है,
या हमारी लापरवाही का परिणाम?
क्या यह हार्मोनों का खेल है,
या प्रदूषण का उपहार?

तेल, जो कभी पोषण का प्रतीक था,
अब भार बन गया है।
हर बार कंघी में फिसलते बाल,
जैसे अपनी स्वतंत्रता मांगते हों।

यह उलझन केवल बालों की नहीं,
यह आत्मविश्वास की भी है।
हर चिपचिपा तंतु,
जैसे अस्वस्थ मन का दर्पण हो।

पर हल हैं, रास्ते हैं,
जहां प्रकृति की गोद में समाधान छिपा है।
नीम की पत्तियाँ,
संतरे का रस,
और जड़ी-बूटियों की शीतलता,
संतुलन ला सकती हैं।

आओ, इन बालों की पुकार सुनें।
संतुलन और स्वच्छता का नया अध्याय शुरू करें।
जहां चिपचिपे बालों का संघर्ष,
एक नई चमक में बदल जाए।

उम्र से पहले सफेदी

यह सफेदी,
कोई उम्र का उपहार नहीं।
यह समय से पहले का विद्रोह है,
जिसे न अनदेखा किया जा सकता है,
न टाला जा सकता है।

काले बालों की सेना में,
जब सफेद तंतु सिर उठाते हैं,
तो यह केवल रंग का बदलाव नहीं,
यह भीतर छुपे संघर्ष का आईना है।

क्या यह तनाव की लहर है,
जो जड़ों तक पहुंच गई है?
या भोजन की कमी,
जो रंग छीन ले गई है?
शायद यह प्रदूषण की आवाज है,
या शरीर की चुप्पी,
जो चीख बनकर बाहर आई है।

हर सफेद बाल,
एक कहानी सुनाता है।
रातों की नींद,
दिनों का भागदौड़,
और वह थकान,
जो दिखती नहीं,
पर हर कोशिका में बस गई है।

यह उम्र से पहले की सफेदी,
एक संदेश है।
कि थम जाओ,
देखो, सुनो,
अपने शरीर की पुकार।

समाधान है प्रकृति की छांव में,
आंवला, शिकाकाई, और जड़ी-बूटियों के स्पर्श में।
यह सफेदी रुक सकती है,
यदि भीतर का संतुलन बहाल हो।

आओ, इन विद्रोही बालों को समझें।
यह विरोध नहीं,
एक निवेदन है –
अपनी जड़ों को पहचानने का,
और खुद को संवारने का।

गंजेपन की दस्तक

यह खाली होती जगहें,
सिर के नक्शे पर उभरतीं,
जैसे किसी अनकही साजिश की छाया।
हर गिरता बाल,
जैसे एक सपना टूटता हो।

गंजापन,
केवल बालों की कमी नहीं,
यह आत्मविश्वास की दीवार पर दरार है।
आईने के सामने खड़ा चेहरा,
जैसे अपनी पहचान खोता हुआ।

क्या यह समय का संकेत है,
या जीवनशैली का प्रभाव?
क्या यह आनुवंशिकी की चाल है,
या हमारे तनाव की साजिश?

सिर की हर खाली जगह,
जैसे एक सवाल बनकर उभरती है।
"क्या मैं वही हूं, जो था?"
"क्या मेरी पहचान अब बदल गई है?"
यह दस्तक केवल सिर पर नहीं,
यह मन की गहराइयों तक जाती है।

पर हर खालीपन में,
एक संभावना छुपी होती है।
नई देखभाल,
नई समझ,
और नए समाधान की।

गंजापन,
शायद एक नया अध्याय है,
जहां प्राकृतिक उपचार,
और आत्म-स्वीकृति का मेल हो।

आओ, इन खाली जगहों को समझें,
इन सवालों को अपनाएं।
यह गंजापन,
एक नयी शुरुआत का द्वार हो सकता है।
जहां आत्मविश्वास सिर के बालों से नहीं,
बल्कि भीतर की रोशनी से चमके।

दो मुंहे बालों की कसक

सिरों पर खड़े दो राहों के संकेत,
जैसे बालों की जुबान में छुपा एक दर्द।
दोमुंहे तंतु,
जो हर स्पर्श पर चीखते हैं –
 "हम टूट रहे हैं।"

यह विभाजन,
सिर्फ सिरों पर नहीं,
यह पोषण और उपेक्षा के बीच की खाई है।
यह उस देखभाल की कमी है,
जो जड़ों से सिरों तक नहीं पहुंची।

हर बार कंघी करते हुए,
जब टूटते हैं ये तंतु,
साथ में बिखरते हैं सपने,
जो लहराते बालों की कल्पना में सजे थे।

क्या यह कठोर रसायनों का परिणाम है,
या गर्म हवा का कहर?
क्या यह अनदेखी का बोझ है,
या हमारी जीवनशैली की परछाई?

सिरों पर यह बिखराव,
संदेश है भीतर की कमजोरी का।
मजबूत जड़ों से,
सिरों तक बहती ताकत का रुकना,
बालों के इस दर्द की जड़ है।

पर यह कसक,
केवल एक चेतावनी है।
प्रकृति का सहारा लो,
तेल की कोमलता,
और जड़ी-बूटियों की शक्ति को पहचानो।

दोमुंहे बालों की यह कहानी,
सिर्फ टूटने की नहीं,
जुड़ने का आह्वान भी है।
जहां हर तंतु फिर से मजबूत हो,
और बालों की हर लहर में आत्मविश्वास झलके।

बालों की थकावट

इन तंतुओं पर जमी है धूल,
जैसे हर दिन की भागदौड़ की निशानी।
हर हवा का झोंका,
जैसे बालों पर बोझ बनकर बैठता है।
प्रदूषण की अदृश्य परतें,
उनकी चमक को धीरे-धीरे निगल जाती हैं।

बाल, जो कभी खुले आसमान में लहराते थे,
अब ठहर गए हैं,
जैसे थकान की गिरफ़्त में।
जड़ों से सिरों तक,
यह तनाव बहता है,
हर तंतु को कमजोर करता हुआ।

क्या यह धुएं से भरा आकाश है,
या हमारे भीतर की अशांति?
क्या यह रसायनों का प्रभाव है,
या हमारी अनियमित जीवनशैली का साया?
हर टूटता बाल,
जैसे एक सवाल करता है –
  "क्यों हम पर यह भार है?"

सिर की त्वचा,
जो कभी सजीव थी,
अब एक गहरी सांस की तलाश में है।
तनाव के बादल,
जड़ों तक जाकर जकड़ लेते हैं,
और पोषण को रोक देते हैं।

लेकिन, हर थकावट के बाद,
एक राहत की राह होती है।
आंवला, रीठा, शिकाकाई –
प्रकृति का संदेशवाहक बनते हैं।
योग, ध्यान, और आत्मशांति –
तनाव की लहरों को थामते हैं।

आओ, बालों की इस थकावट को समझें।
यह केवल प्रदूषण का असर नहीं,
यह हमारी आत्मा की भी पुकार है।
जहां हर तंतु फिर से जी उठे,
और बालों की हर लहर में जीवन का संगीत गूंजे।

रंगीन बालों का पछतावा

यह रंग,
जो कभी खुशी का प्रतीक था,
अब बालों के दर्द की कहानी बन गया है।
चमकती सतह के नीचे,
जड़ें थरथराती हैं,
जैसे केमिकल्स का भार उन्हें तोड़ रहा हो।

हर स्ट्रैंड,
जो कभी ताकत से लहराता था,
अब कमजोर हो गया है,
जैसे किसी छाया में दबा हुआ।
रंगों की परतें,
उनकी सांसों को घुटन में बदल देती हैं।

क्या यह चमक,
सच में खुशी की गवाही है?
या अंदर छुपा है एक ऐसा पछतावा,
जो हर धोने के साथ झलकता है?
रंगीन दुनिया की यह सच्चाई,
हर तंतु पर चोट करती है।

रंग तो पलभर का जादू था,
पर इसके पीछे छूट गए निशान,
जो दिखते नहीं,
पर हर जड़ में महसूस होते हैं।

प्रकृति की आवाज,
अब बालों से फुसफुसा रही है।
"वापस आओ,

मुझे अपनाओ।
मेरे हर उपचार में,
तुम्हारी असली ताकत छिपी है।"

हिना की कोमल छाया,
इंडिगो का हल्का स्पर्श,
और आंवला का पोषण –
ये रंग वापस ला सकते हैं,
जो केमिकल्स ने छीन लिए।

यह पछतावा,
एक नई सीख बन सकता है।
जहां हर बाल फिर से मजबूत हो,
और रंगों की चमक,
स्वाभाविकता में खिल उठे।

बालों की बेसब्र बेचैनी – लंबे बालों की आकांक्षा

इन छोटे तंतुओं में छुपी है एक बेसब्री,
लंबे बालों की एक न खत्म होने वाली ख्वाहिश।
हर दिन ये बढ़ते हैं,
फिर भी जो चाहा था,
वो दूर ही रहता है,
जैसे एक सपना जो हमेशा सिर के ऊपर झूलता है।

क्या यह समय की धीमी गति है,
या हमसे हर पल चुराती हुई वो ताजगी,
जो हमें चाहिए थी?
बाल, जो कभी तेजी से बढ़ते थे,
अब जैसे ठहर गए हैं,
एक ठंडी हवा में रुक कर सोचते हुए।

हर सिरे से छूटते बाल,
जैसे निराशा का गीत गाते हैं।
आकांक्षाएँ बड़े कदमों से दौड़ती हैं,
पर बाल छोटी-छोटी क़दमों से बढ़ते हैं।

क्या यह गुस्से का असर है,
जो जड़ों को कमजोर कर देता है?
या यह आहार की कमी है,
जो हर तंतु को संकोच में डालती है?
हर दिन सिर पर उगते ये नए विचार,
सपनों का एक और सच।

लेकिन अगर हम रुक जाएं,
और देखें ये जड़ें,
जो धीरे-धीरे स्थिर हो रही हैं,
हम पाएंगे कि लंबाई,
सिर्फ समय और धैर्य से आती है।

आइए, इस बेसब्री को शांति में बदलें।
प्राकृतिक उपायों से,
बालों को वह पोषण दें,
जो वे हमेशा से चाहते थे।
लंबे बाल,
वे सिर्फ एक ख्वाब नहीं,
बल्कि एक सफर हैं,
जो धैर्य और देखभाल से पूरी होती है।

भाग 2
बालों का विज्ञान

बालों की रचना का रहस्य – जड़ों से सिरे तक

जड़ें, जो गहराई में छिपी हैं,
मिट्टी से जीवन चुराती हैं।
तंतु, जो भीतर हैं,
अदृश्य कोशिकाओं का जाल बुनते हैं।

मस्तिष्क के सन्देश सुन,
जड़ें निर्णय करती हैं–
कब उगना, कब गिरना,
कब चुपचाप सुस्ताना।

सिरों तक बहता है समय,
तंतु की परतें, जैसे इतिहास के पन्ने।
केराटिन की ढाल,
विनम्रता से झेलती है सूरज की आग,
हवा की ठिठुरन,
और बारिश की नमी।

कोशिकाओं के भीतर,
छिपा है जीवन का रहस्य।
मेलनिन के रंगों में,
सहेजते हैं वक्त के दस्तावेज़।
काले से सफ़ेद,
यह कहानी है समय की,
जो हर बाल में लिखी जाती है।

और फिर,
बाल का अंत,
सिरा जो छूता है खालीपन।
पर अंत नहीं होता,

यह यात्रा है,
जो फिर से शुरू होती है जड़ से।

जड़ें हमें सिखाती हैं,
मूल से जुड़े रहो।
सिरा हमें बताता है,
हर अंत एक नया आरंभ है।

यह बाल नहीं,
जीवन का पाठ है,
जो जड़ों से सिरे तक,
फिर से हर दिन पढ़ा जाता है।

बालों का जीवन चक्र – बढ़ने और झड़ने की प्रक्रिया

जन्म, जैसे धरती पर पहली कोंपल,
जड़ें जागती हैं,
खून के कणों से खींचती हैं पोषण।
आनंद के क्षण,
जब बाल उगता है,
जड़ों से सिरा देखता है दुनिया।

यह अनाज के खेत सा है,
हर बाल एक तंतु,
हर तंतु एक कहानी।
सजीवता की लहरें दौड़ती हैं,
धीरे-धीरे, धीरे-धीरे,
ऊंचाई की ओर बढ़ता है।

पर हर कहानी अमर नहीं,
एक समय आता है विश्राम का।
जड़ें थक जाती हैं,
मस्तिष्क चुप हो जाता है।
कोशिकाएं रुक जाती हैं,
बाल ठहरता है–
एक अंतिम सांस के इंतजार में।

और फिर झड़ जाता है वह,
सिर्फ एक बाल नहीं,
जीवन का एक छोटा अध्याय।
यह गिरावट नहीं,
यह चक्र है,
पुनर्जन्म की यात्रा का।

जड़ें सोती हैं,
पर मरती नहीं।
फिर से उठती हैं,
एक नए बाल के सपने के साथ।

बालों का जीवन चक्र,
एनाजन, कैटेजन, टेलोजन
शिक्षा है धैर्य की,
शुरुआत, स्थिरता और अंत की।
यह प्रकृति का अदृश्य नृत्य है,
जो जड़ों से सिरों तक
और फिर शून्य से जीवन तक,
हर दिन दोहराया जाता है।

कैसे बनता है बालों का रंग – मेलानिन का जादू

जड़ों के गहरे अंधेरे में,
छिपा है एक कलाकार।
मेलानिन, जो रंग भरता है,
हर बाल की आत्मा में।

यह कोई साधारण रंग नहीं,
यह समय का जादू है।
कभी गहरा काला,
तो कभी भूरे का हल्का स्पर्श।
यह सूरज की किरणों से नहीं डरता,
बल्कि उन्हें सोखकर,
अपने रंग को और चमक देता है।

जड़ों के भीतर,
मेलानोसाइट्स की गूंज।
एक छोटी प्रयोगशाला,
जहां जन्मता है रंग।
जो तय करता है–
काले, भूरे, या सुनहरे सुर।

पर वक्त बदलता है,
और रंग भी।
मेलानिन थकने लगता है,
धीरे-धीरे,
छोड़ता है अपने ब्रश।
सफेदी दस्तक देती है,
जैसे सर्दियों की पहली बर्फ।

यह सफेदी,
कमजोरी नहीं,

बल्कि उम्र की कविता है।
हर सफेद बाल,
जीवन के अनुभव का दर्पण।
जो कहता है,
रंग की परिभाषा से परे,
हर बाल की अपनी कहानी है।

मेलानिन का जादू,
सिर्फ रंग नहीं बनाता,
यह सिखाता है–
बदलाव को अपनाना,
प्रकृति के हर चरण को
खूबसूरती से जीना।

बालों की बनावट – सीधी लटें या घुंघराले बाल

जड़ों से निकलती है यात्रा,
हर बाल अपनी राह चुनता है।
कोई सीधा, जैसे नदी का शांत प्रवाह,
कोई घुंघराला, जैसे पर्वतों की घुमावदार पगडंडी।

यह निर्णय,
छिपा है गहराई में,
बाल कूप के आकार में।
गोल कूप से निकलती हैं सीधी लटें,
जैसे सरिता का सरल प्रवाह।
अंडाकार कूप से बनती हैं तरंगें,
जैसे सागर की उठती लहरें।

सीधी लटें,
जो चलती हैं हवा के साथ,
सुनाती हैं सरलता की कहानी।
घुंघराले बाल,
जो उलझते हैं अपनी ही दुनिया में,
संगीत हैं स्वतंत्रता का।

कोशिकाओं का खेल,
और प्रोटीन का जाल,
गठन करते हैं बालों की बनावट का।
केराटिन की परतें,
जो कभी समतल होती हैं,
तो कभी मोड़ खा जाती हैं।

पर हर बाल,
चाहे सीधा हो या घुंघराला,
अपनी पहचान रखता है।
यह सिर्फ बनावट नहीं,

यह व्यक्तित्व है,
जो हर चेहरे पर अपनी छाप छोड़ता है।
सीधी लटें कहती हैं–
साधारण में भी है सौंदर्य।
घुंघराले बाल गाते हैं–
अराजकता में भी है आनंद।
और बालों की यह बनावट,
सिर्फ विज्ञान नहीं,
जीवन की विविधता का उत्सव है।

बालों की मोटाई और जड़ें – आनुवंशिकी का प्रभाव

जड़ों के भीतर,
जहां जीवन का बीज अंकुरित होता है,
वहीं छिपा है
मोटाई और बनावट का रहस्य।
यह केवल पोषण नहीं,
यह केवल देखभाल नहीं,
यह विरासत है,
जो रगों में बहती है।

आनुवंशिकी,
जो छुपा है हमारे डीएनए की परतों में।
माता-पिता की कहानियां,
जिन्हें बालों ने आत्मसात किया है।
मोटी लटें,
जैसे मजबूत पेड़ की शाखाएं,
या पतले रेशे,
जैसे नाजुक फूलों की पंखुड़ियां।

यह मोटाई,
बस दिखने का खेल नहीं,
बल्कि जड़ों की गहराई का प्रमाण है।
मजबूत जड़ें देती हैं
मोटे, घने बाल,
जबकि कमजोर जड़ें
छोड़ देती हैं पतली, मुरझाई लटें।

लेकिन विज्ञान कहता है–
यह सब आनुवंशिकी का आशीर्वाद है।
एक उपहार,
जो बिना मांगे मिलता है।

यह आपकी पहचान है,
आपकी कहानी का हिस्सा।

पर कहानी यहीं खत्म नहीं होती।
आहार, देखभाल, और जीवनशैली
भी बदल सकते हैं इस चित्र को।
जड़ें मजबूत हो सकती हैं,
मोटाई लौट सकती है,
अगर प्रयास और धैर्य का संगम हो।

तो चाहे बाल पतले हों या मोटे,
यह प्रकृति का अनूठा तोहफा है।
एक दर्पण,
जो दिखाता है
हमारी विरासत और वर्तमान का मेल।
आनुवंशिकी की इस शक्ति को समझें,
और इसे अपनाएं,
क्योंकि यही तो है
हमारी असली सुंदरता का आधार।

बाल और त्वचा का संबंध – स्कैल्प का विज्ञान

जड़ें, जो बालों को थामे हैं,
जन्म लेती हैं त्वचा की गहराई में।
स्कैल्प, जो धरती है,
बालों के वन का आधार।
यह सिर्फ सतह नहीं,
यह जीवन की बुनियाद है।

त्वचा की परतें,
सिर के नक्शे को गढ़ती हैं।
हर रोमकूप,
एक छोटा द्वार,
जहां से बाल निकलते हैं,
अपने अस्तित्व की कहानी कहने।

स्कैल्प का विज्ञान,
एक जटिल समरूपता।
तेल ग्रंथियां,
जो बालों को नमी देती हैं,
और रक्त की नदियां,
जो जड़ों तक पोषण पहुंचाती हैं।
हर कोशिका,
हर तंतु,
एक जीवंत रिश्ता निभाता है।

पर जब संतुलन बिगड़ता है,
तो जन्म लेती हैं समस्याएं।
रूखी त्वचा,
जो बालों को कमजोर करती है।
तैलीय परतें,
जो जड़ों को घुटन देती हैं।

डैंड्रफ की बारिश,
जो जड़ों के सपनों को कुचलती है।

स्कैल्प कहता है–
सुनो मेरे संकेत।
साफ रखो मुझे,
नमी और पोषण से भरा।
क्योंकि मैं हूं वह जमीन,
जो बालों के भविष्य को गढ़ती है।

त्वचा और बाल,
दो साथी,
एक ही यात्रा में।
स्कैल्प का स्वास्थ्य,
बालों की चमक।
और यह संबंध,
जीवन का सरल,
पर गहन विज्ञान।

तनाव से रिश्ता – मानसिक स्वास्थ्य और झड़ते बाल

तनाव,
अदृश्य पर भारी,
मन के भीतर उठने वाली लहरें,
जो बालों तक पहुंचती हैं।
यह रिश्ता सीधा नहीं,
पर गहराई से जुड़ा है।

मन का बोझ,
जो थका देता है शरीर को।
संत्रास की आंधी,
जो बालों की जड़ों को हिला देती है।
एक छोटा झटका,
और जड़ें छोड़ देती हैं पकड़।
बाल,
जो कभी जीवन का आभूषण थे,
अब हाथों में बिखर जाते हैं।

कोशिकाएं थम जाती हैं,
जड़ों की नमी सूखने लगती है।
तनाव का हर पल,
बालों का एक धागा कमजोर कर देता है।
यह हार्मोन का खेल है,
कोर्टिसोल की गूंज,
जो बालों की ज़मीन को उखाड़ देती है।

पर यह कहानी यहीं खत्म नहीं होती।
मन शांत हो,
तो जड़ें फिर से गहरी हो सकती हैं।
सांसों की लय,

जो मन को स्थिर करती है,
बालों को नई जिंदगी देती है।

तनाव,
जो बालों का दुश्मन है,
उसी से निकलता है समाधान।
स्वस्थ मन,
सिर्फ बालों को नहीं,
पूरे शरीर को जीवन देता है।

तो ध्यान करो,
तनाव को समझो,
और उसे जाने दो।
क्योंकि बाल,
सिर्फ शरीर का हिस्सा नहीं,
यह मन और आत्मा का प्रतिबिंब हैं।
और स्वस्थ मन,
ही बनाता है मजबूत जड़ें।

प्रदूषण का असर – पर्यावरण और बालों का संतुलन

हवा में घुला है कुछ,
जो अदृश्य होकर भी भारी है।
प्रदूषण,
जो बालों की सांसों को छीन लेता है।
हर कण,
हर धूल का टुकड़ा,
बालों की चमक पर छा जाता है।

वायु में तैरते विष,
जो जड़ों को कमजोर करते हैं।
रसायनों की बौछार,
जो स्कैल्प को जलाते हैं।
धुआं और धूल,
जो बालों के जीवन को
धीरे-धीरे नष्ट करते हैं।

बारिश की बूंदें भी अब,
शुद्धता का संदेश नहीं लातीं।
तेजाबी जल,
जो बालों को सूखा और कमजोर बना देता है।
सूरज की किरणें,
जो कभी ऊर्जा थीं,
अब झुलसा देती हैं
बालों की नमी और कोमलता।

पर्यावरण का यह असंतुलन,
सिर्फ बालों को नहीं,
जीवन को प्रभावित करता है।
बाल,

जो प्रकृति के साथ चलते थे,
अब उससे लड़ने को मजबूर हैं।

लेकिन संतुलन संभव है।
साफ हवा,
शुद्ध पानी,
और हरियाली का साथ,
फिर से लौटा सकते हैं
बालों का वह पुराना सौंदर्य।

प्रदूषण को हराना है,
तो पर्यावरण को बचाना होगा।
क्योंकि बाल,
सिर्फ हमारे नहीं,
प्रकृति का उपहार हैं।
और यह उपहार,
तभी चमकेगा,
जब प्रकृति के साथ
हमारा रिश्ता संतुलित होगा।

हार्मोन और बाल – एंड्रोजन और बालों की कहानी

शरीर के भीतर,
जहां रसायन बुनते हैं जीवन की जटिल कहानियां,
वहीं जन्म लेता है
बालों का भाग्य।
हार्मोन,
जो अदृश्य धागों से जोड़ते हैं
बालों की जड़ों को जीवन के हर पहलू से।

एंड्रोजन,
वह नाम,
जो बालों की शक्ति और कमजोरी दोनों में छिपा है।
यह वही शक्ति है,
जो बालों को घना बनाती है,
जड़ों को मजबूती देती है।
और वही,
जो उन्हें गिरने पर मजबूर करती है।

जड़ों की गहराई में,
जहां डीएचटी का खेल चलता है।
एंड्रोजन का यह रूप,
धीरे-धीरे बालों को कमजोर कर देता है।
घटती मोटाई,
कमजोर पकड़,
और बालों का गिरना
एक अनकही पीड़ा बन जाती है।

पर यह केवल हार्मोन का दोष नहीं।
आनुवंशिकी,
जीवनशैली,
और तनाव भी हैं इस कहानी के किरदार।

संतुलन,
जो कभी हार्मोन का वरदान था,
अब असंतुलन बनकर चुनौती है।

लेकिन समाधान संभव है।
आहार,
जो जड़ों को पोषण दे।
ध्यान और योग,
जो मन और शरीर को शांत करें।
और सही उपचार,
जो एंड्रोजन की इस कहानी को बदल सके।

बाल,
जो हमारी पहचान का हिस्सा हैं,
सिर्फ हार्मोन का खेल नहीं।
यह प्रकृति और जीवन का संगम है।
और इस संगम को
समझदारी से संजोना होगा।
क्योंकि बालों की कहानी,
सिर्फ बाहरी सुंदरता नहीं,
भीतरी संतुलन का प्रतीक है।

बालों का पोषण – विटामिन और प्रोटीन का महत्व

बाल,
सिर्फ सजावट नहीं,
जीवंत धागे हैं,
जो पोषण की कहानी सुनाते हैं।
हर लट,
हर सिरा,
एक यात्रा का परिणाम है–
शरीर के भीतर से बाहर तक।

विटामिन,
जिनके बिना बाल खो देते हैं
अपनी चमक और ताकत।
विटामिन ए,
जो नमी का संतुलन बनाए।
विटामिन ई,
जो खून की नदियों को जड़ों तक पहुंचाए।
विटामिन डी,
जो जड़ों को जीवन की धूप दे।
और बायोटिन,
जो बालों को उनकी आत्मा लौटाए।

प्रोटीन,
जिनके बिना बाल बेजान।
केराटिन का आधार,
हर लट की बुनियाद।
यह प्रोटीन है,
जो बालों को मजबूत बनाता है,
टूटने से बचाता है।

पर जब पोषण की डोर टूटती है,
बाल कमजोर होने लगते हैं।
फूटते सिरे,
झड़ती जड़ें,
और खोती चमक
बन जाती है एक चेतावनी।

पोषण सिर्फ आहार नहीं,
यह एक वादा है
अपने शरीर से,
अपने बालों से।
संतुलित भोजन,
हरी सब्जियां,
नट्स और बीज,
और पर्याप्त पानी,
यह सब बालों का हक है।

तो सुनो बालों की पुकार,
उन्हें दो वह पोषण,
जो वे मांगते हैं।
क्योंकि बाल,
सिर्फ सुंदरता नहीं,
स्वास्थ्य का दर्पण हैं।
और यह दर्पण,
तभी चमकेगा,
जब जड़ों तक पहुंचेगा
सही पोषण का स्पर्श।

भाग 3
बालों की प्रक्रियाएं और समाधान

ट्राईकोस्कोपी का जादू - बालों की गहन समझ

बालों की जड़ों में छिपा एक राज,
एक अदृश्य संसार, जो नजरों से दूर।
ट्राईकोस्कोपी में देखो, वह गहरी छानबीन,
सभी समस्याओं का समाधान, यहां होता है पूरा।

मिली एक लेंस से दृष्टि का नया आकार,
बालों के भीतर की दुनिया, साफ़ और प्रकट।
मिनटों में खोली जाती हैं समस्याओं की परतें,
वह हर सूक्ष्म तत्व, जो न था कभी समझ में।

क्या है बालों का वास्तविक रूप,
किसने दिया उन्हें ताकत और सुंदरता?
इस यंत्र से हर बाल की शक्ति को समझो,
समस्या की जड़ तक पहुंचो, बिना किसी भ्रम के।

बिना शब्दों के, बस यंत्र की मूक भाषा,
हर एक बाल का अपना व्यक्तित्व, अपनी कहानी।
समाधान मिलने तक, हम खोजते हैं हल,
ट्राईकोस्कोपी की जादूई शक्ति से, बालों की पूरी पहचान।

हेयर ट्रांसप्लांट का चमत्कार – वापिस आते सपने

चुपचाप उड़ते बाल, जैसे खो गए हों कहीं,
एक खाली खांचा, जो वर्षों से दिल को छाए।
समय ने किया अपना काम,
लेकिन एक उम्मीद न मरी, न टूटे।

हेयर ट्रांसप्लांट – यह एक चमत्कारी प्रक्रिया,
जहां ताजगी और जीवन का प्रवेश होता है।
वह बाल जो पहले कभी थे,
अब नज़दीक आते हैं, जैसे सपने जो भुलाए नहीं जा सकते।

जहां हर बाल की एक नई यात्रा शुरू होती है,
जहां यथार्थ से परे, वह पुनः खिलते हैं।
एक नयी शुरुआत, जैसे अंधेरे के बाद सुबह का उजाला,
यह प्रक्रिया उन खोए हुए पलों की वापसी का मार्ग बनती है।

मन में बसी आत्मविश्वास की बात,
कि कुछ खोकर भी, फिर से पाया जा सकता है।
हेयर ट्रांसप्लांट केवल बालों का नहीं,
कभी खोई हुई पहचान का पुनर्निर्माण है।

वह पुरानी तस्वीर अब बदलने लगती है,
जिसे एक नए रूप में देखना संभव होता है।
यह चमत्कार नहीं, एक आस्था का परिणाम है,
जहां असंभव को भी संभव बना दिया जाता है।

हेयर पैच का सहारा – आत्मविश्वास लौटाने का मार्ग

कभी जो खालीपन था, अब वह भरने लगा है,
बालों की कमी से आई पहचान की हलचल,
अब एक सरल हल है सामने,
हेयर पैच – एक नया रूप, एक नया विश्वास।

यह पैच केवल बालों का नहीं,
एक पहचान का पुनर्निर्माण है,
जो कभी खो गई थी,
अब फिर से दिखाई देती है।

यह चुपके से आती है,
नज़र से नहीं, दिल से महसूस होती है,
जैसे खोए हुए विश्वास को लौटा लिया गया हो,
हर दिन, हर कदम में एक नया साहस।

अब कोई डर नहीं, कोई असुरक्षा नहीं,
जो कभी चेहरे को ढकता था, वह अब खुलेआम मुस्कुराता है।
हेयर पैच ने न केवल बालों को वापस लौटाया,
बल्कि आत्मविश्वास का रास्ता भी खोला।

यह कोई साधारण बदलाव नहीं,
यह एक यात्रा है, एक संघर्ष का अंत।
जैसे खोया हुआ आत्म-सम्मान लौटता है,
वह पैच अब केवल बालों का नहीं,
जीवन का हिस्सा बन जाता है।

लेजर हेयर रिमूवल – अनचाहे बालों से मुक्ति

कभी जो अनचाहे बालों का भार था,
अब वह इतिहास हो गया है।
लेजर की तीव्र किरणें,
एक पल में दूर कर देती हैं हर वेतन,
जो शरीर पर अवांछनीय रूप में चिपके थे।

यह प्रक्रिया कोई जादू नहीं,
बल्कि विज्ञान की शक्ति है,
जो शरीर के हर उस हिस्से से
अलविदा ले आती है,
जहां बालों की मौजूदगी
सिर्फ असुविधा का कारण बनी थी।

न कोई खिंचाव, न कोई पीड़ा,
बस एक हल्की सी चमक,
जो छोड़ जाती है त्वचा पर
मुलायम और निर्दोष रूप।
जो बाल कभी खींचते थे,
अब वह केवल एक याद बन कर रह गए हैं।

लेजर हेयर रिमूवल केवल बालों को नहीं हटाता,
यह आत्म-सम्मान और सुविधा का नया आयाम देता है।
जो अव्यवस्था थी, वह अब व्यवस्थित हो गई है,
जो कभी आत्मविश्वास को चोट पहुँचाता था,
अब वह एक नई स्वतंत्रता का अनुभव बनता है।

यह प्रक्रिया न केवल त्वचा का परिवर्तन है,
बल्कि एक मानसिक हलचल का शांति से समाप्त होना है,
जहां अनचाहे बाल अब अजनबी लगते हैं,
और हर दिन, हर कदम में,
मुक्ति और आत्मविश्वास की लहरें महसूस होती हैं।

पीआरपी थेरेपी का जादू – बालों को पुनर्जीवन

एक सन्नाटा था, बालों की गिरावट के बीच,
संगीन चेहरे, निराश आँखें।
लेकिन फिर आया एक तरीका,
जहां रक्त की शक्ति से,
बालों को नया जीवन मिलता है।

पीआरपी थेरेपी – यह कोई दवा नहीं,
यह एक प्रक्रिया है,
जहां शरीर का ही रक्त,
अपने बालों को फिर से संजीवनी देने आता है।
घावों को भरने का जादू,
कभी खोए हुए बालों का पुनर्निर्माण।

यह प्रक्रिया न केवल उपचार है,
यह एक विश्वास का नया रूप है,
जहां हर बाल की जड़ में,
नया उत्साह और ऊर्जा पाई जाती है।

जो कभी सूखे और निर्बल थे,
अब उनमें एक नई चमक आ जाती है।
पीआरपी से निकलते हैं वे संकेत,
जो कहते हैं – बाल फिर से बढ़ेंगे,
आत्मविश्वास लौटेगा,
हर सिर पर पुनः रौनक छाएगी।

यह थेरेपी कोई तात्कालिक समाधान नहीं,
यह एक प्रक्रिया है,
जो समय लेती है,
लेकिन बालों को फिर से जिन्दा कर देती है,
और साथ ही लौट आता है,
वो खोया हुआ आत्म-सम्मान।

एचआरपी थेरेपी का महत्व – बालों को नई सांसे

थके हुए बाल,
जिन्हें न शांति मिली,
न आराम का सुख।
रोज़ धूल, धूप और तनाव की चादर में लिपटे,
वो पुकारते हैं,
मौन में,
अपने पुनर्जन्म की।

एचआरपी थेरेपी,
एक स्पर्श है प्रकृति का,
जैसे नदी की धाराओं में
मिट्टी की ताज़गी।
जैसे बारिश की बूँदें
सूखी धरती पर गिरती हैं।

यह सिर्फ उपचार नहीं,
यह एक संवाद है,
प्रकृति और तुम्हारे बालों के बीच।
जड़ी-बूटियों की सुगंध,
तेलों की कोमलता,
और हर कण में समाया जीवन का संदेश।

बालों की जड़ों से लेकर
उनके सिरे तक,
यह थेरेपी फूँक देती है
नई ऊर्जा,
नया जीवन।

यह एक प्रार्थना है,
जो बालों को आत्मा से जोड़ती है।

हर स्पर्श, हर बूंद,
हर क्षण,
एक वादा है–
स्वस्थ, मजबूत और चमकते बालों का।

तो चलो,
इस भागदौड़ भरी ज़िंदगी में
एक पल ठहरो।
अपने बालों को भी दो
नई साँसें,
नया जीवन,
और एचआरपी थेरेपी का वरदान।

जोंक और बाल – प्राचीन आयुर्वेदिक उपचार

प्राचीन काल से, जब विज्ञान ने ना था जन्म लिया,
एक साधारण जीव, जोंक, ने अपने अद्भुत गुण दिखाए।
नश्वर से जुड़ी यह छोटी सी प्राणी,
अब एक इलाज की ताकत बन गई।

बालों की समस्याएं, जो कई सालों से घेरती थीं,
जोंक के जरिए समाधान पाने का तरीका था।
चिपकते हुए, खून की खोज में,
यह छोटी सी जोंक, बालों की जड़ों तक पहुँच जाती थी।

आयुर्वेद ने बताया था,
जोंक में वो शक्ति है, जो रक्त को शुद्ध करती है,
और बालों को पुनः संजीवित कर देती है।
रक्त के प्रवाह को तेज करके,
यह इलाज पुराने समय का खजाना बन जाता है।

यह कोई जादू नहीं, बल्कि प्रकृति का सत्य है,
जो शरीर को भीतर से संतुलित करता है।
जोंक के आशीर्वाद से,
बालों को मिलता है नया जीवन, नया रौनक।

प्राचीन आयुर्वेदिक उपचार का अद्वितीय तरीका,
जो हर बाल की जड़ तक पहुँचकर उसे सशक्त करता है।
जोंक के माध्यम से, बालों में ऊर्जा भरती है,
और एक प्राकृतिक उपचार से,
बालों को मिलता है एक नया पुनर्जन्म।

नस्य का असर – बालों की जड़ों तक पहुंच

नस्य – एक प्राचीन आयुर्वेदिक उपाय,
जो न केवल नासिका से होकर गुजरता है,
बल्कि सीधे जीवन की ऊर्जा तक पहुँचता है।
यह एक सरल तरीका है,
जो बालों की जड़ों तक पहुंचता है,
जहां छिपी होती है हर समस्या की जड़।

कभी जिन बालों में खो जाने का डर था,
नस्य के एक अनुपम प्रयोग से,
उनकी जड़ें फिर से जीवन पाती हैं।
नासिका में बहता हुआ तेल,
सांसों के साथ समाहित हो जाता है,
और भीतर से शरीर को फिर से सशक्त करता है।

यह केवल एक प्रक्रिया नहीं,
बल्कि एक प्राकृतिक शुद्धिकरण है,
जो सिर से लेकर,
पूरा शरीर जागृत करता है।
जड़ों में बसी हर कमजोरी,
नस्य के असर से दूर हो जाती है।

यह न केवल बालों के लिए है,
बल्कि पूरे शरीर को संतुलित करने वाला उपाय है।
हर बूंद में बसी शक्ति,
बालों को पोषण देती है,
और बालों की जड़ों तक पहुंच कर,
उन्हें फिर से संजीवित कर देती है।

नस्य – एक सरल उपचार,
जो बाहरी से कहीं अधिक,
भीतर से शक्ति और ऊर्जा लाता है,
और बालों को वह जीवन दे देता है,
जो कभी खो गया था।

शोधन चिकित्सा की महिमा – बालों का शुद्धिकरण

शोधन चिकित्सा, एक प्राचीन कला,
जो शरीर के भीतर की गंदगी को बाहर लाती है।
यह मात्र इलाज नहीं,
बल्कि एक शुद्धि की प्रक्रिया है,
जो जीवन के हर कोने को नए सिरे से सजाती है।

बालों के जड़ में बसी अव्यवस्था,
शरीर की गहरी सफाई से बाहर आती है,
जो कभी रुकी हुई थी,
वह प्रक्रिया अब गतिमान होती है।
शुद्धता का यह रचनात्मक रूप,
बालों को नया रूप और जीवन देता है।

शरीर का हर अंग पुनः शुद्ध होता है,
और बालों की जड़ें फिर से ताकत पाती हैं।
यह प्रक्रिया बाहरी नहीं,
भीतर से बालों को पोषण देती है,
जहां ऊर्जा फिर से जागृत होती है,
और बालों में चमक लौट आती है।

शोधन चिकित्सा न केवल शरीर को शुद्ध करती है,
बल्कि बालों को भी जीवन देती है,
जो कभी थककर मुरझा गए थे।
यह उपचार एक आंतरिक संतुलन बनाता है,
जो सिर से लेकर पूरे शरीर को सशक्त करता है।

हर दिन की थकावट, हर अवरोध,
शोधन चिकित्सा से निकलता है।
यह न केवल शरीर, बल्कि मन को भी शांति देता है,
और बालों में नई जान डालता है,
जहां शुद्धिकरण से हर बाल ताजगी से भर जाता है।

भाग 4
आयुर्वेदिक और प्राकृतिक समाधान

आंवले का असर – बालों की सेहत का अमृत

आंवला, वह अद्भुत फल,
जिसे प्रकृति ने एक वरदान सा दिया,
बालों के लिए अमृत के समान,
सभी रोगों से दूर करने की शक्ति समेटे हुए।

लालिमा, कांति, और ऊर्जा से
बालों को निखारने की क्षमता,
हर कच्चे बाल को मज़बूती,
हर जड़ में जीवन का संचार।

धूप में झुलसे बालों के लिए,
आंवला एक ठंडी बयार जैसा,
सूखापन और झड़ने को रोकता,
और रगों में शक्ति भरता।

विटामिन c, एंटीऑक्सिडेंट्स,
इनके मिश्रण से बने वह औषधि,
जो हर कूप को पोषित करे,
हर बाल को फिर से जीवन दे।

हर रोज़ इसे अपनी दिनचर्या में लाना,
चाहे सीधे खाओ या तेल बनाओ,
आंवला, यह बालों के लिए प्रेम है,
जो सुंदरता और सेहत की ओर ले जाए।

बिना किसी जटिलता के,
यह कुदरत का रहस्य है,
हमारी बालों की नदियों को फिर से,
जीवन की नई दिशा देता।

शिकाकाई की कहानी – बालों को सहेजने का रहस्य

शिकाकाई, वह सरल सा नाम,
जिसमें छुपा है बालों का रहस्य,
प्रकृति ने इसे एक वरदान सा दिया,
जो बालों के स्वास्थ्य को संजीवनी देता है।

दूर से आया एक वृक्ष,
जिसकी छाल में छिपी है एक शक्ति,
जो बालों को सशक्त करती है,
साफ करती है, और निखारती है।

झड़ते बालों का दुख,
यह चुपके से दूर कर देता है,
सिर की त्वचा को शांति देता,
और नमी को बनाए रखता है।

शिकाकाई का सुखद असर,
सिर्फ बालों तक नहीं,
यह आंतरिक स्वास्थ्य को भी समझाता है,
कि प्राकृतिक इलाज ही सबसे सरल है।

गर्म पानी में उबालो या सीधे लगाओ,
बालों को इसका स्पर्श सिखाओ,
प्राकृतिक शांति और संजीवनी का,
यह वह कथा है जो कभी न खत्म होती।

मेहंदी की महिमा – बालों की प्राकृतिक सुंदरता

मेहंदी, एक हरी पत्तियों की दुल्हन,
जिसका रंग और खुशबू बालों में रच जाता है,
एक साधारण सा रूप,
लेकिन इसके भीतर छिपी होती है एक गहरी ताकत।

चमकते बालों की कहानियाँ,
मेहंदी से निखरती हैं,
न केवल रंग, बल्कि एक सौम्यता,
जो हर कंठी में घुलकर प्यार छोड़ जाती है।

पत्तियाँ उबाली जाती हैं,
और फिर बालों में धीरे-धीरे समाती हैं,
जैसे सर्दी की शाम में आग की तपन,
वैसे मेहंदी का असर धीरे-धीरे जीवन देता है।

रूखापन और झड़ना,
यह सब मेहंदी के स्पर्श से नष्ट हो जाता है,
हर बाल में एक नई शक्ति का आभास होता है,
और बाल फिर से प्राकृतिक सुंदरता को प्रकट करते हैं।

कहीं से नहीं आती जटिलताएँ,
मेहंदी सरल और शुद्धता का प्रतीक है,
बालों को केवल सजाती नहीं,
बल्कि उनके भीतर एक नई ऊर्जा भर देती है।

भृंगराज का बल – बालों का सच्चा साथी

भृंगराज, वह छोटा सा पौधा,
जो मिट्टी में छिपे हुए रत्न सा है,
बालों के लिए उसका प्रेम अदृश्य,
फिर भी नित नए रूप में दिखता है।

न जाने कितने वर्षों से,
यह हमारे सिर की चुप्पी को समझता आया,
झड़ते बालों की पीड़ा,
इसकी हर पत्ती में उत्तर पाती है।

आँखों से अदृश्य,
फिर भी अपने असर से जानी जाती है,
यह ना केवल काले बालों का राज़,
बल्कि हर झड़ते हुए बाल की उम्मीद भी बन जाती है।

उसके रस में, एक रहस्य छिपा है,
जो बालों की जड़ों को सशक्त करता है,
न केवल चमक, बल्कि जीवन,
यह भृंगराज का असली बल है।

शरीर के भीतर समाकर,
यह रक्त के साथ मिलकर बालों की रक्षा करता है,
झड़ते हुए बालों के लिए एक साथी,
भृंगराज का असर सच्चा और गहरा है।

एलोवेरा की शीतलता – रूसी से राहत की गाथा

एलोवेरा, वह कटा हुआ पत्ता,
जिसमें छिपी है शांति और ठंडक,
बालों की त्वचा में बसी ठिठुरन,
इसकी शीतलता से राहत पाती है।

रूसी की सफेदी, जो सिर पर चढ़ी रहती है,
यह पत्ते का रस धीरे-धीरे मिटाता है,
जैसे गर्मी में पानी का छींटा,
वैसे एलोवेरा का प्रभाव सिर की त्वचा को शांत करता है।

हर जलन, हर खुजली,
यह हर समस्या को अलविदा कहता है,
सूखापन और खुश्की से निजात,
सिर्फ उसकी एक हल्की सी परत से।

नवजीवन का एहसास,
जिसे एलोवेरा अपनी कोमलता से देता है,
रूसी की सफेदी को धुलकर,
बालों को एक नई सौम्यता की ओर ले जाता है।

रूसी की अड़चनें खत्म होती हैं,
बालों की जड़ें गहरी और मजबूत होती हैं,
यह केवल शीतलता का नाम नहीं,
यह त्वचा और बालों के बीच एक पुल है,
जो राहत और नवीनीकरण का संदेश लाता है।

नारियल तेल की ताकत – बालों का अनमोल मित्र

नारियल तेल, वह शुद्ध सरल रत्न,
जो धरती की कोख से उठकर,
बालों में समाता है,
एक अनमोल मित्र बनकर।

गहरी जड़ों तक पहुँचकर,
यह हर रुकावट को दूर करता है,
सूखापन, बेजानपन, और टूटन,
यह सब इसकी छांव में खो जाता है।

बालों के हर कूप में समाकर,
यह पोषण और जीवन का संदेश लाता है,
धूप और रूखेपन से बचाता है,
और शांति से भरता है हर एक कंठी।

यह ना केवल चमक देता है,
बल्कि हर जड़ को ताकत भी देता है,
बालों को हर मुश्किल से सुरक्षित रखता,
नारियल तेल, बालों का सच्चा साथी है।

यह सिर्फ तेल नहीं,
यह एक संस्कार है,
जो बालों की कोमलता और ताकत को
नई दिशा देता है, अनमोल मित्र की तरह।

प्याज का रस – बालों का भरोसा कायम

प्याज का रस, एक तीव्र शक्ति,
जो अपनी गंध से, चुपके से,
बालों की जड़ों में अपना असर छोड़ जाता है,
कभी न दिखने वाली ताकत को जगाता है।

उसकी तपिश, उसकी तीव्रता,
सिर की त्वचा में गहरी समाती है,
झड़ते बालों को थामे रखता है,
और हर बाल को नयी ऊर्जा से भरता है।

यह केवल एक सामान्य घटक नहीं,
यह एक विश्वास है, जो बालों में जीवन देता है,
गुज़रे समय की धुंधलाहट से उबरने की ताकत,
यह प्याज का रस हमें सिखाता है।

आओ इस का महत्व समझे
यह रस, जो रूसी और कमजोरियों से लड़ता है,
बालों की मजबूती का चुपचाप साक्षी,
यह प्याज का रस, बालों का भरोसा कायम रखता है।

मुल्तानी मिट्टी की ममता – बाल बने मुलायम

मुल्तानी मिट्टी, वह ममता की छांव,
जो बालों को अपनी कोमलता से छूती है,
सूखापन और झड़ने को नष्ट करती,
बालों को निखारती, मुलायम बनाती है।

यह केवल मिट्टी नहीं,
यह प्रकृति की माँ की तरह है,
जो बालों को गहराई से समझती है,
हर कंठी को अपनी ममता में समेटती है।

धूल और प्रदूषण से संघर्ष करती,
यह मिट्टी बालों में एक नई जान भरती है,
हर सूखापन को सुलझाती,
और हर कण को चिकनाई से भर देती है।

मुलायम बालों की ये यात्रा,
मुल्तानी मिट्टी की करामत है,
बालों को सुंदरता और कोमलता से नहलाती,
यह ममता का अद्भुत रूप है,
जो बालों को नयी पहचान देता है।

नीम कंघी का महत्व – बालों को सवांरने का हुनर

नीम की कंघी, वह साधारण उपकरण,
जो बालों की साज-संवार में छुपा है गहरा रहस्य,
कभी न दिखने वाली शक्ति का अहसास,
यह सिर की त्वचा में समाकर प्यार से समेटता है।

यह केवल एक कंघी नहीं,
यह स्वच्छता और स्वास्थ्य का प्रतीक है,
हर कूप से गंदगी को बाहर निकालता,
हर बाल को निखारता, उसे जीवन देता है।

नीम के दांतों से बसी शांति,
बालों को संवारते समय यह गूंजती है,
रूसी और संक्रमण को दूर करता,
बालों में नई ऊर्जा भरता है।

गर्मी, धूल, और प्रदूषण से
यह बालों को सुरक्षित रखता है,
आध्यात्मिक रूप से शांत,
यह नीम की कंघी बालों को सवांरने का हुनर सिखाती है।

घर का खजाना – नानी-दादी के नुस्खों की महिमा

घर के भीतर एक खजाना बसा है,
नानी-दादी के हाथों का जादू,
जो बालों को देखे बिना,
उनमें जीवन भर देती है।

कभी आंवला, कभी शिकाकाई,
कभी तिल का तेल, कभी दही की मलाई,
हर नुस्खे में एक हज़ार सालों का ज्ञान,
जो बालों को सहेजता है, एक नई पहचान देता है।

कभी हल्दी और शहद का मिश्रण,
कभी गुलाब जल और दूध की मालिश,
हर नुस्खा एक पारंपरिक धरोहर है,
जो बालों को केवल सौंदर्य नहीं,
बल्कि स्वास्थ्य भी देता है।

गर्मियों की तपन में,
ठंडी तेल की मालिश का असर,
रूसी और झड़ने से बचाव,
ये सब नानी-दादी के हाथों की महिमा है।

घर का यह खजाना,
हर बालों के संकट का समाधान बनता है,
यह नुस्खे, जो पीढ़ी दर पीढ़ी चलते आए हैं,
बालों की सुंदरता और सेहत का राज़ हैं।

भाग 5

बालों की देखभाल के नए आयाम

सिर की मालिश की महिमा – बालों की बनाए सेहत

सिर की हल्की छुअन,
मन की गहरी शांति,
कभी न देखी जाती है,
सपनों में छुपी चाँदनी।

अंगुलियाँ ज्यों नृत्य करतीं,
सिर की त्वचा पर,
हर तंतु को जगाती हैं,
नए जीवन के संकेत देती हैं।

मालिश की सजीव क्रिया,
बालों को नया आकार देती,
रक्त संचार की गति बढ़ाती,
जीवनदायिनी शक्ति देती।

ताजगी से भर जाता है मन,
हर लहर, हर थपकी में,
चिंताओं की छांव टूटती है,
बालों में चमक की नज़र होती है।

यह मात्र मालिश नहीं,
यह है प्राकृतिक स्नेह,
जो सिर के हर कोशिका को सहेजता,
जैसे नदी अपने तट को समेटे।

बालों की सुंदरता निखरती है,
सिर की मालिश में छिपा राज,
कुदरत की करीम रचना,
जो करती है सच्ची सेहत का राज।

सही आहार का महत्व – पोषण से चमकते बाल

जो कुछ हम खाते हैं,
वह हमारे भीतर समाहित हो जाता है,
तब, यह सिर्फ शरीर नहीं,
बल्कि बालों की हर एक डोरी में भी उतर आता है।

विटामिन, खनिज, और प्रोटीन,
यह जीवन के खाद्य स्तंभ हैं,
जिनसे बालों को मिलती है शक्ति,
और उनकी त्वचा को भी जीवंतता।

सुनहरी धूप से जैसे जीवन मिलता है,
वैसे ही संतुलित आहार से,
बालों को मिलता है उनका सच्चा रंग,
जैसे धरा को मिलता है मानसून का अदृश्य सुख।

मांग में चमक, सिर की त्वचा में जीवन,
सही आहार ही वह चाबी है,
जो पोषक तत्वों को बालों तक पहुंचाती है,
और हर बाल को संजीवनी से भर देती है।

यह आहार केवल भोजन नहीं,
यह एक विचार है, एक ध्यान,
जो हर दिन, हर पल,
बालों की सुरक्षा का संकल्प है।

जो खाने को जानते हैं,
वही अपने बालों को समझते हैं,
क्योंकि पोषण के इस रहस्य को जानकर,
बालों में निखार और चमक समाहित होती है।

योग और प्राणायाम – तनावमुक्त बालों की शक्ति

तनाव की धुंध में घिरा हुआ मन,
हर बाल की जड़ में एक हलचल छोड़ जाता है,
लेकिन जब साँसों को ध्यान में लाते हैं हम,
तो सिर की हर कोशिका में शांति का आभास होता है।

प्राणायाम की गहरी साँसें,
ज्यों नदी के ताजे पानी जैसी,
सिर के हर हिस्से में जीवन का संचार करती हैं,
और बालों को राहत देती हैं।

योग के आसन, सधे हुए कदम,
तने हुए कंधे और खींचते अंग,
सिर की मालिश की तरह असर करते हैं,
तनाव को बाहर निकालते हैं और राहत देते हैं।

मन का संतुलन, शरीर की ऊर्जा,
जब दोनों मिलकर काम करते हैं,
तो बालों के हर तंतु में नमी और ताकत आ जाती है,
जैसे शीतल बर्फ में पिघलती हुई क्रिस्टल।

जो सांसों के साथ जीवन को संजोते हैं,
वे बालों के अंदर छिपी शक्ति को महसूस करते हैं,
क्योंकि जब हम तनाव मुक्त होते हैं,
तब बाल भी मुक्त हो जाते हैं, और उनकी चमक लौट आती है।

योग और प्राणायाम,
यह न केवल शरीर की सेहत के लिए हैं,
यह बालों के लिए भी एक चिकित्सा है,
जो उन्हें तनाव से मुक्त और स्वस्थ रखती है।

सही शैंपू का चयन – चमकदार बालों का राज

शैंपू की बोतल में निहित एक रहस्य,
जो बालों की आवश्यकता को समझे,
वह गहराई से पोषित करता है,
और बाहर की दुनिया से उन्हें सुरक्षित रखता है।

हर बाल की संरचना अलग होती है,
हर त्वचा की चाहत कुछ और,
सही शैंपू वह साथी है,
जो बालों की प्रकृति को पहचानता है।

कभी रूखे, कभी चिकने,
बालों का हर रूप अपनी कहानी कहता है,
सही शैंपू की टहलील से,
वह हर कहानी का समाधान प्रस्तुत करता है।

यह केवल सफाई नहीं,
यह आत्म-देखभाल का पहला कदम है,
जो बालों को निखारता है,
और उन्हें स्वस्थ, चमकदार बनाता है।

ध्यान से चुने गए तत्व,
वह अदृश्य शक्ति बन जाते हैं,
जो हर बाल में जीवन का संचार करते हैं,
और उन्हें सौम्यता और लचीलापन देते हैं।

चमकदार बालों का राज,
सिर्फ बाहरी नहीं, बल्कि अंदर की देखभाल है,
सही शैंपू वह चमत्कारी तत्व है,
जो हर बाल को जीवन की नयी ऊर्जा प्रदान करता है।

बाल धोने का तरीका – छोटी गलतियां, बड़ा नुकसान

हम बालों को धोते हैं,
समझते हैं कि यह एक साधारण क्रिया है,
पर हर बार जब हम धोते हैं,
कुछ छोटी गलतियां हो जाती हैं,
जो बाद में भारी पड़ती हैं।

गर्म पानी से बालों को धोना,
उनकी कोमलता को छीन लेता है,
तेल को साफ करने की जल्दी में,
उनकी नमी को हम नष्ट कर देते हैं।

बालों को न रगड़ना चाहिए,
सावधानी से करना चाहिए,
क्योंकि जब हम उन्हें जोर से झाड़ते हैं,
तो टूटने का खतरा बढ़ जाता है।

शैंपू को सीधे बालों पर नहीं लगाना चाहिए,
पानी में घोलकर ही इसका उपयोग करना चाहिए,
ताकि बालों की जड़ों पर दबाव न पड़े,
और उनकी त्वचा को नुकसान न हो।

तुरंत तौलिये से पोंछना,
यह गलती और अधिक नुकसान पहुंचाती है,
सिर्फ हल्की थपकी से सुखाना चाहिए,
ताकि बालों की जड़ों में तनाव न आए।

छोटी सी लापरवाही,
बड़ी समस्या बन जाती है,
बालों की देखभाल में हर कदम को समझना,
उनकी ताकत और सुंदरता को बचाने का तरीका है।

बालों की सफाई में,
थोड़ी समझदारी और समय का ध्यान चाहिए,
क्योंकि छोटी गलतियां ही,
बड़े नुकसान का कारण बन सकती हैं।

सूरज और बालों का रिश्ता – धूप से बालों की सुरक्षा

सूरज की किरणें जब बालों पर पड़ती हैं,
वे गर्मी और रोशनी के साथ,
बालों की कोमलता को छीनने का प्रयास करती हैं,
और उन्हें रूखा, बेजान बना देती हैं।

धूप की उष्मा, जैसे ताजगी की चाह,
लेकिन बालों के लिए यह एक चुनौती है,
जिससे उनकी नमी और प्राकृतिक तेल
धीरे-धीरे उड़ जाते हैं,
और बाल बेजान हो जाते हैं।

यह समय की बात नहीं,
यह एक सावधानी का सवाल है,
धूप से बचाव के बिना,
बालों की रक्षा मुश्किल हो जाती है।

आवश्यक है कि हम उन्हें ढकें,
एक चादर की तरह,
सूरज की प्रत्यक्ष छाया से बचाएं,
ताकि वे सूखकर टूट न जाएं।

सूरज और बालों का रिश्ता,
सिर्फ एक तात्कालिक जंग नहीं,
यह एक समझ है,
जिसमें सुरक्षा का मंत्र है,
ताकि बाल अपनी चमक और जीवन को खो न दें।

चमकदार और स्वस्थ बालों के लिए,
सूरज से सावधानी से बचना चाहिए,
एक सरल कदम,
जो बालों को सूरज की चुभन से बचाए रखे।

रात को बालों की देखभाल – बालों को मिले आराम

दिनभर की भागदौड़,
धूल, गंदगी, और तनाव,
बालों पर असर छोड़ जाते हैं,
पर रात का समय उनके लिए एक आशीर्वाद है।

जब हम विश्राम करते हैं,
बाल भी चाहते हैं आराम,
सिर पर एक सौमिल तेल की मालिश,
जैसे उन्हें मिल जाए एक कोमल सहारा।

यह समय है, जब बाल खुद को फिर से बनाते हैं,
तेल की कुछ बूँदें, और एक हलका हाथ,
सिर की त्वचा को आराम देती हैं,
और बालों को मिलता है पोषण।

गहरी नींद की तरह,
बालों को भी इस समय की शांति चाहिए,
न कोई दबाव, न कोई तनाव,
बस एक सुरक्षित वातावरण।

रात में बालों की देखभाल,
एक आदत, जो जीवन में बदलाव लाती है,
अच्छी नींद और सही देखभाल से,
बालों में नई ऊर्जा, नई चमक समाती है।

आलस्य की रात, या चिंता का दिन,
रात का समय बालों को संजीवनी देने का है,
ताकि सुबह उठते ही,
वो फिर से स्वस्थ और सुंदर महसूस करें।

केमिकल से दूर – मिले बालों को प्राकृतिक सुंदरता

हर केमिकल, हर रासायनिक पदार्थ,
बालों को अपनी चुपचाप गिरफ्त में लेता है,
उनकी प्राकृतिक नमी, लचीलापन, और रंग
धीरे-धीरे मटमैले होते जाते हैं।

हमारी चाहत चमकदार बालों की होती है,
लेकिन केमिकल्स से वह चमक नहीं,
सिर्फ एक छाया बनती है,
जो बालों की आत्मा को छुपा देती है।

प्राकृतिक तत्वों की ओर लौटना,
वह शांति है जो बालों को फिर से जीने देती है,
आवश्यक नहीं है रासायनिक रंग और चमक,
प्रकृति का उपहार ही पर्याप्त है।

ऑलिव, नारियल, और आंवला,
यह न केवल पोषण देते हैं,
बल्कि बालों को उनकी खोई हुई ताकत
और प्राकृतिक रंग लौटा देते हैं।

केमिकल्स से मुक्त रहकर,
बालों को शुद्ध रूप में संवारा जा सकता है,
ताकि उनकी सुंदरता भी बाहर से और अंदर से
स्वस्थ, शुद्ध और समृद्ध हो।

प्राकृतिक सुंदरता वह सौंदर्य है
जो समय के साथ और निखरती है,
इसमें न कोई छिपा हुआ खतरा है,
न कोई क्षति।

बालों की आत्मा को समझना है,
केमिकल से दूर रहकर,
प्राकृतिक देखभाल से उन्हें सजाना है,
ताकि वे स्वस्थ, चमकदार और आत्मविश्वासी बनें।

भाग 6
प्रेरणा और आत्मविश्वास

गंजापन और गौरव – आत्मविश्वास की नई परिभाषा

गंजापन,
जो कभी छिपाया जाता था,
अब एक नई पहचान बन चुका है,
एक संदेश, एक साहस,
जो सिखाता है
कि सुंदरता सिर्फ बाहरी रूप में नहीं होती,
यह तो आत्मा के भीतर होती है।

तुम्हारे सिर पर,
जो बाल नहीं हैं,
वो नहीं तुमसे कुछ छिनते,
बल्कि तुम्हारी गरिमा और आत्मविश्वास में
नए आयाम जोड़ते हैं।
तुम्हारा आत्मविश्वास,
जो अब सिर के बीच में फैला,
हर कदम पर तुम्हारी शक्ति को उजागर करता है,
जैसे हर घड़ी की टिक-टिक
समय की नब्ज को महसूस करती है।

गंजापन को गौरव में बदलने की कला,
सिर्फ चेहरे पर हंसी से नहीं,
बल्कि दिल की गहराइयों से आती है।
तुम हो वो,
जो खुद को न केवल स्वीकार करते हो,
बल्कि खुद से प्रेम करते हो।
तुम्हारा आत्मविश्वास ही है
तुम्हारी असली पहचान,
जो बालों की कमी को
कभी न महसूस होने देता।

यह गंजापन नहीं,
यह तो एक यात्रा है,
जो तुम्हें दिखाती है
कि असल सौंदर्य तो
जिन्हें हम नहीं देख सकते,
वो हमारी आत्मा में है।
इसे महसूस कर,
खुद को एक नए गौरव में बदलो,
तुम हो वह जो हो,
और यही सबसे बड़ी प्रेरणा है।

बालों की सादगी – प्राकृतिक सौंदर्य का सम्मान

सादगी,
बालों की शांति में बसी हुई,
जो बिना किसी आडंबर के,
सिर्फ अपनी प्राकृतिक रूप में
अपनी कहानी कहती है।
तुम्हारे बाल,
जो कभी घने थे,
अब हल्के हो गए हैं,
लेकिन फिर भी,
उनकी खूबसूरती में कोई कमी नहीं आई।

प्राकृतिक रूप में,
वो अपने अस्तित्व को स्वीकारते हैं,
जैसे एक पेड़ अपनी शाखाओं को
हवाओं के साथ बहने देता है,
बिना किसी डर के,
बिना किसी चिंता के।
तुम्हारे बाल,
जो समय के साथ धीरे-धीरे बदलते हैं,
हर अवस्था में अपने स्वाभाविक सौंदर्य को
किसी न किसी रूप में दर्शाते हैं।

उनकी सादगी में
प्राकृतिक सौंदर्य का सम्मान है,
यह नहीं चाहता कि दुनिया उन्हें सजाए,
क्योंकि वे जानते हैं
कि असली सुंदरता कभी बाहरी आभूषण में नहीं,
बल्कि आत्मा की गहराई में बसती है।
बालों की सरलता,

उनका स्वाभाविक रूप,
सिर्फ एक जीवन की यात्रा की निशानी है,
जो हमें दिखाती है
कि सच्चा सौंदर्य वही है
जो बिना किसी कृत्रिमता के अपने आप को प्रकट करता है।

यह सादगी,
यह स्वाभाविकता,
हमें सिखाती है
कि किसी भी रूप में जो हम हैं,
वो सबसे सुंदर है,
और यही आत्मविश्वास का सबसे बड़ा आधार है।
बालों की सादगी,
प्राकृतिक सौंदर्य का आदर करती है,
और आत्मविश्वास को एक नई दिशा देती है,
जो हमें अपने असली रूप को स्वीकारने की प्रेरणा देती है।

स्वस्थ बाल, स्वस्थ जीवन – शरीर और मन का मेल

बाल,
जो हमारे शरीर का एक अंग हैं,
वो सिर्फ बाहर से नहीं,
भीतर से भी हमसे जुड़े हैं।
स्वस्थ बाल,
स्वस्थ जीवन का प्रतीक हैं,
यह शरीर और मन के बीच
एक गहरे संबंध का संकेत है।
जैसे कोई नदी,
अपनी जलधारा से समंदर से जुड़ी रहती है,
वैसे ही स्वस्थ बाल,
हमारी सोच और आत्मा से जुड़े रहते हैं।

जब शरीर को पोषण मिलता है,
मन को शांति मिलती है,
तभी बालों में वह चमक लौटती है,
जो आत्मविश्वास को बढ़ाती है।
एक स्वस्थ बाल,
सिर्फ सुंदरता की बात नहीं करता,
यह तो एक मजबूत मानसिकता और आत्मविश्वास की कहानी है,
जो खुद को हर चुनौती में खड़ा देखता है।

जैसे शरीर का हर अंग अपने स्थान पर
समान रूप से कार्य करता है,
वैसे ही बाल भी
हमारी पूरी जीवनशक्ति का प्रतीक बनते हैं।
स्वस्थ बाल,
स्वस्थ जीवन का संजीवनी मंत्र हैं,
जो हमें याद दिलाते हैं

कि जब हम अपने शरीर और मन का ध्यान रखते हैं,
तभी हम अपने जीवन की सच्ची ऊर्जा को महसूस करते हैं।

कभी बालों की समस्याओं से गुजरते हुए,
हम समझते हैं
कि यह सिर्फ एक बाहरी मुद्दा नहीं,
बल्कि एक संकेत है
जो हमें भीतर से स्वस्थ रहने की प्रेरणा देता है।
स्वस्थ बाल,
स्वस्थ जीवन का रूप हैं,
जो आत्मविश्वास और संतुलन से
हर मुश्किल का सामना करते हैं।

बालों की कहानियां – सुंदरता से परे की यात्रा

बाल,
जो हमेशा बाहरी सुंदरता का हिस्सा रहे,
अब एक गहरी कहानी की तरह,
हमारे जीवन की यात्रा को बयान करते हैं।
हर कड़ी में बंधे बाल,
जैसे एक साथ जुड़ी यादें,
जिन्हें समय ने बदला,
लेकिन उनकी अहमियत में कोई कमी नहीं आई।
यह सुंदरता से कहीं परे की बात है,
यह आत्मा के भीतर की यात्रा है,
जहां हर बाल,
एक संघर्ष, एक विजय,
एक पल की सच्चाई को दर्शाता है।

कभी घने थे,
कभी हल्के हो गए,
कभी टूटे,
कभी मढ़े गए
लेकिन हर स्थिति में,
बालों ने हमें सिखाया है
कि सुंदरता सिर्फ रूप में नहीं,
बल्कि उसकी गहराई में है।
जब बालों की लहरें हमारे सिर से झूलती हैं,
वह हमें याद दिलाती हैं
कि हम हर दिन नए होते हैं,
नई चुनौतियों का सामना करते हैं,
और हर समय खुद को ढालते हैं।

बालों की यह यात्रा
केवल सुंदरता की नहीं,
बल्कि एक संजीवनी शक्ति की है,
जो हमें हर मुश्किल में
आत्मविश्वास और साहस देती है।
यह कहानियां हमें यह सिखाती हैं
कि असल सुंदरता वही है
जो खुद को बिना किसी शंका के स्वीकारे,
जो हर अनुभव से खुद को बेहतर बनाए,
जो हर घड़ी को एक नई कहानी के रूप में जीते।
बालों की यह यात्रा,
सुंदरता से परे,
हमारी आत्मा के भीतर के अदृश्य रूप को उजागर करती है,
जो सच्चे आत्मविश्वास और प्रेरणा का स्रोत है।

बालों से जुड़ी मिथक और सच्चाई – भ्रम का अंत

बालों के बारे में
हमने अनगिनत मिथक सुने,
जो पीढ़ी दर पीढ़ी
हमारे भीतर गहरे बैठ गए।
"ज्यादा बालों का गिरना,
समझो सेहत बिगड़ने वाली है",
"घने बालों के लिए
केमिकल्स की जरूरत है",
"बालों की हर समस्या का
किसी न किसी बाहरी उपचार से समाधान है" —
ये सब भ्रम थे,
जो कभी हमारी सोच को जकड़े रहते थे।

लेकिन जब हम असल में समझते हैं,
तो पाते हैं कि बालों की समस्याएं
शरीर और मन के आपसी तालमेल से जुड़ी हैं,
कि संतुलित आहार,
मन की शांति,
और सही देखभाल
इनका असली हल है।
जो हम सोचते थे कि 'मिथक' है,
वो सच्चाई से दूर नहीं था,
बस उसे समझने का तरीका गलत था।

बालों की समस्या
बाहरी उपचार से नहीं,
भीतर की सही देखभाल से दूर होती है,
क्योंकि बाल,
हमारे शरीर की छाया होते हैं,
जो हमारे आंतरिक स्वास्थ्य का

साफ़ प्रतिबिंब होते हैं।
सभी मिथकों का अंत
तभी होता है,
जब हम खुद को समझते हैं,
अपनी शक्ति को पहचानते हैं,
और अपने शरीर को पूरी तरह से स्वीकारते हैं।

अब,
बालों से जुड़ी सच्चाई
हमारे पास है,
न कोई भ्रम,
न कोई झूठ,
केवल एक समझ,
जो हमें दिखाती है
कि स्वस्थ बाल,
स्वस्थ जीवन का परिणाम हैं,
जो खुद से जुड़ने और
सही दिशा में जाने से ही मिलते हैं।

भाग 7
बालों से जुड़ी प्रेरणादायक कविताएं

बालों का सपना – हर किसी की चाह

बालों में लहरों जैसा आकर्षण हो,
सपनों में बसी उम्मीदें हों,
हर मन में एक ख़्वाहिश हो,
हर सिर पर एक ताज हो।

रंग-बिरंगे धागों से बुनता है समय,
गुज़रे कल की यादें,
और भविष्य का नया सूर्य।
बालों की शान में समाया होता है
संघर्ष और सफलता का रंग।

कभी बेजान, कभी झुके हुए,
लेकिन भीतर से उत्साह से भरे हुए,
हर बाल की अपनी कहानी होती है,
जिसे हर व्यक्ति अपने तरीके से जीता है।

सजग और समर्पण से हर दिन,
बालों के रास्ते में प्रगति की छाया हो,
हर दर्द, हर गिरावट,
कुछ सिखाती है, कुछ सशक्त करती है।

बालों का सपना, हर किसी का अहसास है,
जैसे जीवन की राह में उम्मीदें हो,
वहीं बालों में समाहित हो,
नई ऊर्जा, नया विश्वास हो।

लोटा दो मुझे मेरे बाल – बालों से जुड़ी भावनाएं

लोटा दो मुझे मेरे बाल,
जो कभी मेरी पहचान थे,
जो कभी मेरे सपनों का हिस्सा थे,
अब बिखरे पड़े हैं, जैसे मेरी उम्मीदें।

वो बाल, जो जब हवा में लहराते थे,
मेरे व्यक्तित्व की गवाही देते थे,
अब नहीं हैं, उनकी कमी दिल में गहरी चुभती है।

क्यों खो गए वे दिन, जब हर सुबह
बालों को संवारते हुए मन में उत्साह था,
अब हर झड़ते बाल के साथ,
दिल का एक टुकड़ा गिरता है।

लेकिन क्या यह अंत है?
क्या बालों का गिरना
मेरे आत्मविश्वास का भी गिरना है?
नहीं, यह सिर्फ एक परिवर्तन है,
जो मुझे और मजबूत बनाएगा।

लोटा दो मुझे मेरे बाल नहीं,
लोटा दो मुझे वो आत्मविश्वास,
जो कभी हर बाल में बसा था,
जो अब मेरे भीतर गहरी जड़ों में अंकुरित हो रहा है।

बिना बालों के भी,
मैं वही हूँ,
जो था,
और जो बन सकता हूँ।

बालों की आत्मकथा – उनकी जुबानी उनकी कहानी

मैं बाल हूँ,
सिर पर बसा, निखरता आभूषण,
हर दिन बढ़ता, हर दिन नया रूप,
कभी शांत, कभी जंगली।

मेरे साथ समय की रेखाएं बदलती हैं,
कुछ भाग्य के साथ, कुछ संघर्षों के साथ,
मैंने हर घड़ी अपने आकार को पाया,
खुशियों में लहराया, दुखों में झुका।

शुरुआत में था मैं कोमल,
बच्चों की हंसी में झूमता,
धीरे-धीरे वक्त ने मुझे कठोर किया,
बाहरी दुनिया की हवा ने मुझे संवारा।

कभी सौम्य, कभी जिद्दी,
कुछ लहराते, कुछ बिखरते,
मुझे हर रूप में स्वीकारा गया,
कभी खूबसूरत, कभी निराशा में गुम।

कुछ दिन मैंने सूखा महसूस किया,
मुझे खोने का डर लगा,
जब समय ने अपनी गति बदल ली,
मेरे बालों ने मुझे याद दिलाया,
कि यह सिर्फ एक चरण है।

लेकिन जब जीवन की धारा बहने लगी,
मैं फिर से लहराया,
सहेज लिया खुद को,
और अब मैं यह जानता हूँ,
मैं अपनी यात्रा में ही संपूर्ण हूँ।

मेरे बालों की कहानी,
हर किसी के जीवन का अंश है,
जो समय के साथ बदलते हैं,
लेकिन खुद को कभी नहीं खोते।

केशवती का संघर्ष – बालों की देखभाल का महत्व

केशवती, एक नाम, एक पहचान,
बालों के झुरमुट में छिपी एक अनकही कहानी।
वह जानती थी कि सिर्फ बाहरी सुंदरता नहीं,
आंतरिक सजीवता भी होती है हर बाल में।

अच्छे बाल केवल नज़र का ख्याल नहीं,
बल्कि आत्मविश्वास का प्रतीक होते हैं,
मूल्यवान होते हैं, जैसे ज़िंदगी की मेहनत,
जिन्हें संजोना और देखभाल करना है।

वह जागृत होती, हर सुबह,
अपने बालों की देखभाल के साथ,
ध्यान देती, क्या सही है, क्या नहीं,
बालों को चाहिए बस थोड़ा प्यार और समझ।

वह कभी नहीं भूलती,
नम्रता से बालों को धोना,
नाज़ुक रूप से मसाज करना,
नम वासे, सुखी बालों का सम्मान करना।

सही आहार, सही दिनचर्या,
सपनों की तरह बढ़ते हुए,
वह जानती थी, यह संघर्ष एक दिन रंग लाएगा,
बालों की हर लहर को वह संजीवनी देगी।

कभी टूटते, कभी झड़ते,
लेकिन फिर भी हिम्मत नहीं हारती,
केशवती जानती है, यह कठिन यात्रा ही
उसकी असली सुंदरता को निखारेगी।

आखिरकार, एक दिन जब वह आईं,
बालों की देखभाल का सही रास्ता पकड़े,
उनकी चमक ने आकाश में नयापन दिया,
एक अद्भुत संघर्ष, एक प्रेरणा की मिसाल।

केश-रक्षा का संकल्प – स्वस्थ बालों की ओर कदम

आज एक संकल्प लिया मैंने,
बालों की सुरक्षा का,
जैसे जीवन के सबसे सुंदर अंगों में से एक,
जिन्हें समय और देखभाल चाहिए।

बाल, जो कभी बिखरे थे,
आज उनको संजीवनी देने का वादा किया है मैंने,
हर सुबह, हर शाम,
उन्हें प्यार, देखभाल, और आशीर्वाद दूँगी मैं।

धूप, धूल, और प्रदूषण से,
अब नहीं घबराऊँगी,
उनकी रक्षा के लिए,
सही आहार, सही तेल, सही शांति लाऊँगी मैं।

हर गिरते बाल के साथ,
मैं कभी नहीं रुकूँगी,
उन्हें फिर से बढ़ने, फिर से चमकने,
का मौका दूँगी, यही है मेरा उद्देश्य।

केश-रक्षा का यह संकल्प,
हर बाल में एक नई ऊर्जा भरने का,
हर दिन, हर कदम,
स्वस्थ बालों की ओर एक और कदम बढ़ाने का।

यह संघर्ष है, यह यात्रा है,
लेकिन इसमें सच्चाई और विश्वास है,
मैं जानती हूँ, स्वस्थ बालों की ओर,
यह संकल्प ही मुझे विजय दिलाएगा।

भाग 8
VHCA की अद्भुत यात्रा

VHCA हेयर क्लिनिक

यहाँ जड़ों की गहराई में छिपा है सौंदर्य
आयुर्वेद की धड़कन से चलता है जीवन।
जहाँ हर बाल का हिसाब रखा गया है,
और हर समस्या का हल खोजा गया है।

यह महज़ एक क्लिनिक नहीं,
बल्कि उम्मीदों का घर है।
जहाँ गिरते बालों के साथ
गिरते आत्मविश्वास को भी थामा जाता है।

यहाँ हर जड़ी-बूटी कहती है कहानी,
पुराने ग्रंथों से निकले ज्ञान की।
और हर उपचार करता है वादा,
स्वस्थ बाल और बेहतर जीवन का।

VHCA हेयर क्लिनिक के लिए
मैंने देखा है बस एक ही सपना।
हर शहर में आयुर्वेद की ज्योति
सभी के लंबे, घने और स्वस्थ बाल

VHCA सिर्फ़ एक नाम नहीं,
यह पहचान है आयुर्वेद की शक्ति की।
जहाँ विज्ञान और परंपरा का संगम,
लाता है हर चेहरे पर मुस्कान।

VHCA केश उत्पाद

(आयुर्वेद सागर मंथन से उपजी बालों की औषधियां)

सदियों पुरानी परंपरा का ज्ञान,
आयुर्वेद के गूढ़ शास्त्र,
प्रकृति के असीम भंडार से,
निकला एक अमृत–VHCA केश उत्पाद।

हर जड़ी, हर बूटी,
हर पत्ती, हर फूल,
एक कहानी कहता है,
प्रकृति और विज्ञान के संगम की।

भृंगराज का स्पर्श,
जो जड़ से गहराई तक जाए,
आंवला की शक्ति,
जो चमक में जीवन जगाए।

नीम का शीतल आंचल,
जो रोगों को दूर भगाए,
मेथी और शिखाकाई की मिठास,
जो हर टूटे विश्वास को जोड़ दे।

यह औषधियां नहीं,
जीवन की आत्मा हैं,
जो बालों के हर तंतु में,
आशा की लहरें बिखेरती हैं।

हर समस्या का समाधान,
झड़ते बालों का सहारा,
सूखे, दोमुंहे, कमजोर बालों के लिए,
VHCA की औषधियां बनें एक उजाला।

यह मंथन,
सिर्फ उपचार नहीं,
यह है एक यात्रा,
स्वस्थ और सुंदर केशों की।

VHCA का हर उत्पाद,
एक वादा है,
प्रकृति और विश्वास का,
आपके बालों की हर जरूरत का।

डॉ. मुकेश अग्रवाल की दृष्टि
(बालों की समस्याओं का सम्पूर्ण समाधान)

दृष्टि जो सीमाओं से परे देखती है,
जहाँ बाल केवल सुन्दरता नहीं,
जीवन का अभिन्न हिस्सा हैं,
और हर जड़ में छिपा है समाधान।

डॉ. मुकेश, एक नाम,
परंपरा और आधुनिकता का संगम,
जहाँ आयुर्वेद के प्राचीन ग्रंथों से,
जुड़ती है चिकित्सा की नई धारा।

हर टूटता बाल,
हर कमजोर जड़,
उनके लिए केवल एक संकेत है,
गहराई में उतरने का।

आंवला, भृंगराज, नीम–
प्रकृति के वरदान,
जो उनकी दृष्टि में,
बनते हैं जीवनदायी औषधियां।

"समस्या नहीं, समाधान देखो,"
यह मंत्र उनकी सोच का आधार,
जहाँ रोग की जड़ तक पहुँचना,
होता है हर उपचार का प्रारंभ।

झड़ते बालों में छुपी कहानियां,
कमजोर जड़ों की छिपी व्यथा,
उनके लिए केवल एक चुनौती,
जिसे वे स्वीकारते हैं खुली बाहों से।

उनकी दृष्टि,
बालों की समस्याओं से परे,
जीवन के संतुलन और स्वास्थ्य की ओर,
एक नई दिशा दिखाती है।

डॉ. मुकेश अग्रवाल,
सिर्फ एक चिकित्सक नहीं,
एक प्रेरणा हैं,
जो हर बाल में नया जीवन भरते हैं।

VHCA Franchise
(सपनों की शाखा)

क्या आप बनना चाहते हैं
उस बदलाव का हिस्सा,
जो जड़ों से शुरू होकर
हर दिल तक पहुंचता है?

VHCA आपका इंतजार कर रहा है–
एक ऐसा नाम,
जो सिर्फ़ व्यवसाय नहीं,
बल्कि विश्वास की कहानी है।

यहाँ हर शाखा है एक सपना,
हर पत्ता है उम्मीद।
आपके शहर में आयुर्वेद की
ज्योति जलाने का यह है अवसर।

यह शुरुआत है,
जहाँ आप न सिर्फ़ कमाएंगे,
बल्कि लोगों के जीवन में
खुशियों के रंग भरेंगे।

फ्रेंचाइज़ी लेना यहाँ
सिर्फ़ एक सौदा नहीं,
यह जिम्मेदारी है
स्वास्थ्य और विश्वास की।

आइए, जुड़ें VHCA से,
और बनाएँ एक ऐसा भविष्य,
जो परंपरा और आधुनिकता का
संपूर्ण संगम हो।